ESTAMPES MODERNES

Publications artistiques

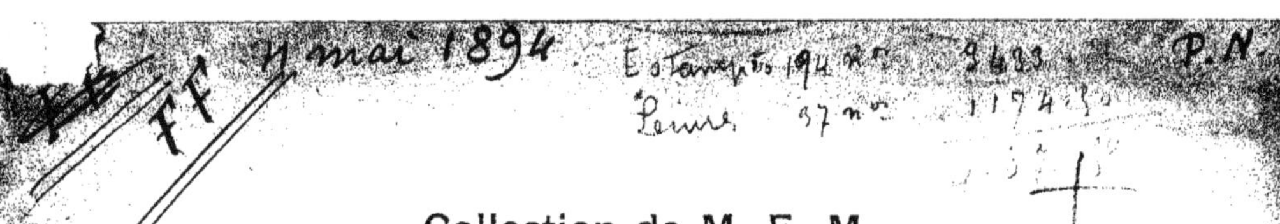

Vendredi 11 Mai 1894

IMPRIMERIE MAULDE et RENOU

A. MAULDE & Cie

IMPRIMEURS DE LA COMPAGNIE DES COMMISSAIRES-PRISEURS

Rue de Rivoli, 144. — Paris

Vente du Vendredi 11 Mai 1894

EAUX-FORTES ORIGINALES

Bracquemond, Delacroix

Fortuny, Jacque (Ch.), Huet (P.), Lalanne

ŒUVRES

DE

Félix BUHOT, Seymour HADEN, MANET

MÉRYON, MILLET

OUVRAGES & RECUEILS sur les BEAUX-ARTS

Publications Cadart,

Amand-Durand, Rembrandt, Titien, Musées, etc.

Provenant de la Collection de **M. E. M.**

DONT LA VENTE AUX ENCHÈRES PUBLIQUES AURA LIEU

HOTEL DES COMMISSAIRES-PRISEURS

RUE DROUOT, 9, SALLE N⁰ 9

Le Vendredi 11 Mai 1894

A DEUX HEURES

Par le ministère de Mᵉ Maurice **DELESTRE**, Commissaire-Priseur,
rue Drouot, 27

Assisté de **M. L. DUMONT**, Expert, Marchand d'Estampes,
rue Laffitte, 27

PARIS — 1894

CONDITIONS DE LA VENTE

———

Elle sera faite au comptant.

Les Acquéreurs paieront CINQ POUR CENT en sus des enchères, applicables aux frais.

M. DUMONT se réserve la faculté de rassembler ou de diviser les lots et se charge de remplir les commissions des personnes qui ne pourraient assister à la vente.

———

L'ordre du Catalogue sera suivi.

MM. les Amateurs pourront examiner les Estampes chez M. L. DUMONT, 27, rue Laffitte.

A. Maulde et Cie, imprimeurs de la Compagnie des Commissaires-Priseurs rue de Rivoli, 144.   500—41921

DÉSIGNATION

EAUX-FORTES ET GRAVURES

ALLONGÉ (D'après)

1 — La Mare, par THÉVENIN.

Très belle épreuve d'artiste avec remarque.

APPIAN

2 — Les Roches à Nantua. — Les Sources de l'Alba-
rine. — Une Mare, etc.

Cinq pièces dont trois épreuves d'artiste sur Japon.

BALLIN. BRUNET-DEBAISNE, etc.

3 — Une Crypte. — Vues. — Paysages, etc.

Cinq pièces, très belles épreuves dont deux d'artiste.

BELLAY, DIDIER

4 — Pascuccia. — Poverella, d'après HÉBERT.

Deux pièces, très belles épreuves, dont une d'artiste.

BLÉRY (E.)

5 — Les trois Chênes (Cat. B. 16). — Le vieux Chêne aux mares de Bellecroix (28), 3 ép. — Le Torrent (35), 2 ép. — Le vieux Chêne à la figure assise (44), 2 ép. — Le Grand dessous de Bois (45), 3 ép. — Le Chêne au paysage et à la cabane (46), 2 ép. — Le Gué (47), 2 ép. — Chemin de la Chartreuse (47 *bis*), 2 ép. — Les Chênes au ravin (57), 2 ép. — Le ravin de Senlisse (77). — Le Bouquet d'arbres (115), 2 ép. — La haute Futaie (116). 2 ép. — La Clairière (127). — Le gros Hêtre au rocher (130). — La Rencontre dans le ravin (133). — Lisière de forêt au vieux Chêne (138). La Cascade de Sassenage (140).

Dix-sept sujets en épreuves de différents états; ensemble vingt-neuf pièces, la plupart signées et annotées par l'artiste.

6 — La grande Bardane au tronc de hêtre; épreuves de six états de la planche (B. 143). — Les Grands Tussilages (144).

Sept pièces, très belles épreuves, signées ou annotées par l'artiste.

BRACQUEMOND (F.)

7 — Comte (Auguste), fondateur de la religion de l'humanité, d'après Joseph GUICHARD. — Legros (Alphonse), peintre (Cat. H. Béraldi, 22 et 73).

8 — Le Haut d'un battant de porte (110).
Très belle épreuve d'artiste sur Japon.

9 — Panurge sortant de chez Raminagrobis (126).
Très belle épreuve sur Japon.

10 — Les Canards l'ont bien passé (154).
Très belle épreuve sur Japon, avec les notes de musique.

BRACQUEMOND (F.)

11 — Un Rappel (163).

Très belle épreuve d'artiste sur Japon.

12 — Paysage (170). — La Fuite en Egypte (171). Essais de gravure à la plume.

Deux pièces, très belles épreuves d'artiste sur Japon.

13 — Les Cigognes (179).

Très belle épreuve.

14 — Un Buveur, d'après A. LAFOND (241).

Très belle épreuve d'artiste sur Japon.

15 — Paysage (Coucher de Soleil), d'après COROT (251).

Très belle épreuve d'artiste sur Japon.

16 — Paysage (Le Cheval blanc), d'après COROT (255).

Très belle épreuve d'artiste sur Japon.

17 — Le Miroir, d'après CHAPLIN (260).

Très belle épreuve avant la lettre sur Japon.

18 — Le Lièvre, d'après A. DE BALLEROY (277).

Très belle épreuve d'artiste sur Japon.

19 — Vignettes pour Rabelais. — Champfleury.

Cinq pièces, très belles épreuves d'artiste.

20 — Le Corbeau. — Margot la critique. — Le Lac.

Trois pièces, belles épreuves.

21 — Les Taupes. — Vanneaux et Sarcelles. — Les Cigognes. — La mort de Matamore. — Frontispice.

Cinq pièces, belles épreuves.

BRUNET-DEBAISNES

22 — L'Hôtel-Dieu, derniers vestiges du pont Saint-Charles.

Très belle épreuve d'artiste sur Japon. Signée.

23 — Daphnis et Chloé, d'après FRANÇAIS.

Très belle épreuve d'artiste.

BUHOT (FÉLIX)

24 — *Ex-libris* pour l'Ensorcelée (Cat. H. Béraldi 116).

Superbe épreuve, portant la mention 2ᵉ état.

25 — Frontispice. (L'Enterrement du Burin).

Très belle épreuve d'artiste sur Japon.

26 — La Place Bréda (128).

Superbe épreuve d'artiste.

27 — La Place Pigalle (129).

Superbe épreuve d'artiste.

28 — Débarquement en Angleterre (130).

Superbe épreuve d'artiste sur papier essencé.

29 — Une Jetée en Angleterre (132).

Superbe épreuve d'artiste, avec croquis dans les marges.

30 — La Traversée (143).

Superbe épreuve d'artiste, avec croquis dans les marges, sur Japon.

31 — Les Grandes Chaumières (150).

Très belle épreuve d'artiste portant la note Etat avec les barbes. Signée, sur papier essencé.

32 — La même Estampe.

33 Superbe épreuve d'artiste sur papier essencé,

BUHOT (Félix)

33 — Les Bergeries (151).

Superbe épreuve d'artiste sur papier essencé.

34 — Westminster Palace (155).

Superbe épreuve d'artiste avec croquis dans les marges.

35 — Westminster Brigde (156).

Superbe épreuve d'artiste avec croquis dans les marges.

36 — Environs de Gravesend (157).

Superbe épreuve d'artiste du 3ᵉ état sur papier essencé. Signée.

37 — Le Convoi funèbre au boulevard Clichy (159).

Superbe épreuve d'artiste sur papier essencé avec croquis dans les marges. Signée.

38 — Les Esprits des Villes mortes (160).

Superbe épreuve d'artiste sur papier essencé, avec marges illustrées, tirées à part.

39 — La Taverne du Bagne (163).

Superbe épreuve d'artiste, avec croquis dans les marges, sur papier essencé.

40 — La Falaise (l'Abri Dinard).

Superbe épreuve d'artiste, avec croquis dans les marges.

41 — Zigzags d'un curieux.

Superbe épreuve d'artiste, avec croquis dans les marges, sur Japon.

42 — Premiers essais d'Eaux-Fortes. — Ma petite Ville. — Paysage, d'après Corot. — Matinée d'automne. — Croquis d'Anes. — Landemer, Luchon, etc.

Treize pièces, belles épreuves d'artiste.

CATTELAIN (Ph.)

43 — Série de Portraits : le duc d'Aumale. — F. Champsaur. — Savinien Lapointe. — Reyer. — Berthelot. — Pierson. — J. Hading. — Budaille. — Mgr. Freppel, etc.

Dix-neuf pièces, très belles épreuves d'artiste sur Japon.

CHAUVEL

44 — L'Abreuvoir, d'après TROYON. — L'Orage, d'après DIAZ. — Un Coin de Bois, d'après DUPRÉ.

Trois pièces, très belles épreuves d'artiste sur Japon.

COURBET (G.)

45 — Les Demoiselles du village.

Très belle épreuve d'artiste sur Japon.

COURTRY (Ch.)

46 — La Toilette du Grand-Père, d'après LELOIR. — Maréchal-Ferrant, d'après WORMS. — Le Dernier Jour d'un Condamné, d'après MUNKACSY.

Trois pièces, très belles épreuves d'artiste sur Japon.

47 — Les Glaneuses, d'après MILLET. — Mme de Pompadour, d'après BOUCHER. — La Mare, d'après VAN MARCKE. — Église Saint-Pierre de Caen, d'après BONINGTON.

Quatre pièces, très belles épreuves d'artiste sur Japon.

COX (W.)

48 — Amazone, d'après H. HARDY.

Très belle épreuve d'artiste, avec remarque. Signée.

DAUBIGNY

49 — Voyage en bateau. — Croquis à l'eau-forte, 1862.
Suite complète de seize pièces en épreuves d'artiste dans la couverture de publication.

DELACROIX (E.)

50 — Tigre couché, tourné à droite.

Très belle épreuve du 1er état.

51 — Un Forgeron. — Chef Maure; à Meknez.

Deux pièces, belles épreuves.

DIVERS

52 — Reproductions de Dessins de Millet, Rousseau, Fromentin.

Cinq pièces, belles épreuves.

53 — Reproductions de maîtres anciens.

Quatre pièces, belles épreuves.

54 — Vues de Londres et la Tamise. Suite complète de sept pièces.

Très belles épreuves d'artiste sur Japon.

55 — Vues de Rouen, par Ballin. Suite complète de cinq pièces.

Très belle épreuve d'artiste sur Japon.

56 — Un Amateur, par Innocenti, — Au Luxembourg.
— Tête de Femme. — Coquelin.

Quatre pièces, très belles épreuves d'artiste.

57 — **Eaux-Fortes.** Sujets de genre. — Paysages, par
Berne-Bellecour, Israels, Beauverie, Barillot, etc.

Dix-huit pièces, dont quatorze épreuves d'artiste.

2.

DIVERS

58 — Programmes pour représentations théâtrales, par H. Somm, Vte Lepic, André, etc.

Vingt pièces, très belles épreuves.

DORÉ (G.)

59 — Le Néophyte.

Très belle épreuve d'artiste de la planche terminée.

60 — Le Christ couronne d'épines.

Très belle épreuve du 1er état.

61 — Rossini sur son lit de mort. — Scène de l'Arioste.

Deux pièces, très belles épreuves d'artiste.

EARLOM (R.)

62 — Portrait d'Homme en pied, d'après Van Dyck.

Très belle épreuve.

ÉCOLE ANGLAISE

63 — Sujets de genre, Chevaux, Vues, par Cousins, Taylor, Roffe, etc., d'après Landseer, Lée, Wilkie.

Vingt deux pièces, très belles épreuves d'artiste.

FLAMENG (L.)

64 — Angélique, d'après Ingres.

Très belle épreuve d'artiste, avec les noms tracés à la pointe.

65 — Jésus guérissant les malades, d'après Rembrandt.

Très belle épreuve d'artiste.

66 — Portrait de Femme, d'après Drouais.

Très belle épreuve d'artiste sur Chine.

FLAMENG (L.)

67 — Jeune Femme. — Jeune Fille, d'après Greuze. — Sortie d'Église en Alsace.

Trois pièces, très belles épreuves d'artiste.

FOREL

68 — Le Pont-Neuf.

Très belle épreuve d'artiste. Signée.

FORTUNY

69 — Arabe assis.

Très belle épreuve d'artiste.

70 — Diégo de Silva Vélasquez.

Très belle épreuve.

71 — Gardes de la Casbah à Tétuan.

Très belle épreuve.

72 — La Lecture. — Le Guitariste — L'Invalide.

Trois pièces, belles épreuves.

73 — Maréchal-Ferrant au Maroc. — Maître de Cérémonies. — Muletier.

Trois pièces, très belles épreuves.

GAUTIER (L.)

74 — Vues de Paris. — Rue Saint-Julien-le-Pauvre. — Du Haut-Pavé. — Place du Châtelet. — Maubert.

Quatre pièces, très belles épreuves d'artiste avec remarques, sur Japon. Signées.

GOFF (R.)

75 — Coucher de soleil en Hollande. — Paysage.

Deux pièces, très belles épreuves d'artiste. Signées.

GREUX

76 — Le Déjeûner, d'après Fortuny. — Fin d'une Chanson, d'après de Beaumont. — Le Massacre de Scio, d'après Delacroix.

Trois pièces, très belles épreuves d'artiste.

GUÉRARD (Henri)

77 — Son Portrait. — Sujets de Genre. — Marines. — Paysages. — Lanternes.

Quarante-six pièces, belles épreuves d'artiste.

HADEN (Seymour)

78 — Les Jardins de Kensington (Cat. H. Béraldi, 12).

Très belle épreuve d'artiste.

79 — L'Écluse d'Egham (15).

Très belle épreuve d'artiste.

80 — Out of study Window (17).

Très belle épreuve d'artiste.

81 — Fulham sur la Tamise (18).

Très belle épreuve d'artiste sur Japon.

82 — Château de Kidwelly (22).

Très belle épreuve d'artiste.

83 — Vue d'Amsterdam (37).

Très belle épreuve d'artiste.

84 — La Tamise à Battersea, vue prise de la maison de Whistler (45).

Très belle épreuve du premier état.

85 — Thames ditton (64).

Très belle épreuve d'artiste sur Japon.

HADEN (Seymour)

86 — Shepperton (71).

Très belle épreuve d'artiste.

87 — Kew sur la Tamise (73).

Très belle épreuve d'artiste sur Japon. Signée.

88 — La même Estampe.

Très belle épreuve d'artiste.

89 — La Jetée de Calais (87).

Très belle épreuve d'artiste.

90 — Werrington (115)·

Très belle épreuve d'artiste.

91 — Porte du Château, à Burgos (168).

Très belle épreuve d'artiste sur Japon.

HESELTINE

92 — Paysages et Vues. Suite de douze eaux-fortes avec
le titre.

Très belles épreuves d'artiste sur Japon.

HUET (P.)

93 — **Eaux-Fortes**. Suite complète de six pièces avec
la couverture (Cat. H. Beraldi. 58 à 64).

Superbes épreuves d'artiste sur Chine.

94 — **Eaux-Fortes**. Suite de dix-sept pièces (70 à 86),
chez Goupil et Cⁱᵉ.

Très belles épreuves d'artiste sur Chine.

HUOT

95 — La Vierge de la Délivrance, d'après Hébert.

Très belle épreuve avant la lettre sur Chine.

JACQUE (Ch.)

96 — Collection des **Eaux-Fortes** publiées en 1864.
Suite complète de vingt-cinq pièces (G. 177 à 201).
Très belles épreuves sur Chine.

97 — Portrait de M. Luquet.
Deux épreuves dont une d'artiste sur Chine.

98 — Le Repos. — La Campagne. — Paysage. — Poules.
Quatre pièces, belles épreuves.

JACQUEMART (J.)

99 — Le Liseur, d'après Meissonier.
Très belle épreuve d'artiste. Signée.

100 — Vase de Vincennes. — Tasse de Sèvres. — Cassolette. — Portrait de Rembrandt. — Frontispice. — Souvenirs de Voyage.
Sept pièces, très belles épreuves dont cinq d'artiste.

JACQUEMART, WALTNER

101 — Le Soldat et la Fillette qui rit. — Le Mage grec. — L'Abreuvoir.
Trois pièces, belles épreuves.

LAGUILLERMIE

102 — Portrait de Condottière, d'après Antonello de Messine.
Très belle épreuve d'artiste.

LALANNE

103 — Incendie du port de Bordeaux. — A Cénon. — Les Ormeaux de Cénon. — Un Canal.
Quatre pièces, très belles épreuves d'artiste.

LALANNE

104 — Richmond. — Bords de la Tamise. — Dives. — Un Parc.

Cinq pièces, très belles épreuves d'artiste.

105 — Près d'Houlgate. — Beuzeval. — Villers, etc.

Cinq pièces, très belles épreuves d'artiste sur Japon.

106 — Le Pigeonnier. — Houlgate. — Dans un Parc, etc.

Quatre pièces, très belles épreuves d'artiste.

107 — Démolitions du boulevard Saint-Germain. — Percement de la Rue des Écoles. — Un vieux Quartier à Vitré. — Environs de Paris, etc.

Cinq pièces, très belles épreuves d'artiste sur Japon.

108 — Cinq Croquis sur une même planche. — Deux Vues de Bezons. Ensemble sept pièces sur deux feuilles.

Très belles épreuves d'artiste sur Japon.

109 — Paris. — Vue prise du Pont de la Concorde. — Vue prise du Trocadéro.

Deux pièces, très belles épreuves d'artiste.

110 — Les mêmes Estampes.

Deux pièces, très belles épreuves.

111 — Vue prise du Pont Saint-Michel. — Rue des Marmousets. — A Neuilly. — Quimper. — Bordeaux.

Cinq pièces, très belles épreuves.

112 — A Bordeaux. — Cusset. — Hennebont. — Les Roches-Noires à Trouville.

Quatre pièces, très belles épreuves.

113 — Paysages d'après Old CROME, RUYSDAEL, Van GOYEM, etc.

Sept pièces, très belles épreuves d'artiste. Signées.

LALANNE

114 — Souvenirs artistiques du Siège de Paris. Suite complète de douze pièces.

    Très belles épreuves.

115 — Chez Victor Hugo. Suite complète de douze pièces.

    Très belles épreuves sur Chine.

LALAUZE

116 — Avant l'Attaque. — Souvenir de Longchamps, d'après Detaille. — Procession, d'après E. Lamy.

    Trois pièces, très belles épreuves d'artiste sur Japon.

LEFEBVRE

117 — Jeune Fille.

    Très belle épreuve d'artiste sur Japon.

LEGROS

118 — La Charrue. — Le Vieil Espagnol.

    Deux pièces, très belles épreuves d'artiste.

LEPIC (Vᵗᵉ)

119 — Paysages. — Marines. — Animaux, etc.

    Dix-huit pièces, très belles épreuves d'artiste.

LE RAT, LHERMITTE

120 — Portrait d'Homme, d'après Holbein. — Le Petit Chien, d'après Willems,

    Deux pièces, très belles épreuves d'artiste sur Japon.

LEYS

121 — La Promenade hors les Murs.

    Très belle épreuve d'artiste.

MANET (Ed.)

Eaux-Fortes.

122 — Titre (Cat. H. Béraldi, 1).

Le Guitarero (2), deux états différents.
Lola de Valence (3), deux états différents.
Les Gitanos (4), deux états différents.
Le Torero mort (5).
Les petits Cavaliers, d'après VÉLASQUEZ (6).
Le Gamin tenant un Cabas (7).
La petite Fille tenant un Bébé (8).
La Toilette (9).
L'Infante Marguerite, d'après VÉLASQUEZ (11).
Silentium (17).
L'Acteur comique (MARIANO CAMPRUBI) (19).
L'Acteur tragique (ROUVIÈRE) (20).
Mlle Morizot (22).
Mlle Eva Gonzalès (23).
Baudelaire (25).
Edgar Poë (26).
Olympia (31).
Olympia (32).
Trois croquis de Chats sur une même planche (32).
Le Rêve du Marin (34).
Le Fumeur (36).
Le Buveur d'absinthe (38).
Le Philosophe (39).
Gamin faisant une bulle de savon (41).
L'Enfant au chien (42).
Gamin buvant à la régalade (43).
La Queue à la Boucherie. (Siège de Paris.) (44).
Jeanne (53).
Marine (pièce non mentionnée au catalogue).

MANET (Ed.)

Lithographies.

Mlle Morizot (54).
La même, au trait (55).
Mort de Maximilien (56).
La Barricade (57).
Guerre civile (58).
Les Courses (59).
Le Gamin (60).
Polichinelle (72). Epreuve en couleur sur Japon, portant le n° 16.

Ensemble : 41 pièces comprenant les œuvres les plus intéressantes de cet artiste. Les eaux-fortes sont en premières épreuves et en grande partie sur vieux papier.

MARTIAL

123 — La Remise de Chevreuils, d'après COURBET.

Très belle épreuve sur Chine.

MARTIAL, MONTEFIORE, etc.

124 — Etudes. — Vues. — Paysages. — Portraits.

Dix pièces, belles épreuves.

MASSARD

125 — Jeune Veuve, d'après GREUZE.

Très belle épreuve d'artiste avec remarque.

MEISSONIER (E.)

126 — Polichinelle.

Très belle épreuve d'artiste sur grand papier.

MÉRYON (Ch.)

127 — Son Portrait, par BRACQUEMOND.

Très belle épreuve sur Japon.

128 — Son Portrait, assis sur son lit, par FLAMENG.

Très belle épreuve.

129 — Le Pont-au-Change, vers 1784. (Cat. H. Béraldi, nº 20).

Superbe épreuve du 2e état, avant toutes lettres, avec la dédicace : « Au prince Ypsilanti, de son dévoué et reconnaissant serviteur, Ch. MÉRYON. »

130 — Tourelle, rue de l'Ecole-de-Médecine (22).

Superbe épreuve d'un état non décrit : Dans le ciel, la Vérité et la Justice, l'Enfant et les ailes arrachées, mais avant les inscriptions : Innocence opprimée; avant les mots : *Fiat Lux* sur le livre, et avant le mot *Cabat* sur la maison. sur Chine volant.

131 — La même Estampe.

Belle épreuve.

132 — La Rue Pirouette, aux Halles (24).

Superbe épreuve avec le premier titre et les premières inscriptions sur le mur, avant les noms de Méryon et de Laurence, et avant l'adresse de l'imprimeur.

133 — La même Estampe.

Très belle épreuve sur Chine.

134 — Partie de la Cité de Paris, vers la fin du XVIIᵉ siècle, sur la rive gauche de la Seine (28).

Très belle épreuve.

135 — Le Grand-Châtelet, à Paris (29).

Très belle épreuve du 2e état avant toutes lettres.

136 — Armes symboliques de la Ville de Paris (35).

Très belle épreuve.

MÉRYON (Ch.)

137 — Le Stryge (37).
Belle épreuve.

138 — Le Petit-Pont (38).
Très belle épreuve avant le nom de Méryon.

139 — La même Estampe.
Belle épreuve.

140 — L'Arche du Pont Notre-Dame.
Belle épreuve.

141 — La Galerie Notre-Dame (40).
Belle épreuve.

142 — La Tour de l'Horloge (42).
Belle épreuve.

143 — Tourelle de la rue de la Tixéranderie (43).
Superbe épreuve du 2ᵉ état avant toutes lettres.

144 — Saint-Etienne-du-Mont (44).
Superbe épreuve du 1ᵉʳ état avant les initiales C. M., dans le haut de l'estampe à droite, sur Japon.

145 — La même Estampe.
Belle épreuve.

146 — La Pompe Notre-Dame (45).
Très belle épreuve avec le nom de l'artiste et l'adresse de l'imprimeur.

147 — La même Estampe.
Belle épreuve.

148 — La Petite Pompe (48).
Très belle épreuve.

MÉRYON (Ch.)

149 — Le Pont-Neuf (47).
Très belle épreuve avec le nom de Méryon et l'adresse de l'imprimeur avant les vers.

150 — La même Estampe.
Belle épreuve.

151 — Le Pont-au-Change (48).
Très belle épreuve avec les oiseaux dans le ciel.

152 — L'Abside de Notre-Dame (52).
Superbe épreuve avec le nom et l'adresse de Méryon.

153 — La même Estampe.
Très belle épreuve.

154 — Tombeau de Molière (53).
Très belle épreuve.

155 — Adresse de Rochoux (54).
Très belle épreuve imprimée en deux tons.

156 — Rue des Chantres, à Paris (56)
Très belle épreuve avant toutes lettres.

157 — La même Estampe.
Belle épreuve.

158 — Rue des Toiles, à Bourges (58)
Très belle épreuve.

159 — Vue de l'ancien Louvre du côté de la Seine (81).
Très belle épreuve.

160 — Le Ministère de la Marine (82).
Très belle épreuve du 2ᵉ état, avec le monogramme de l'artiste
et avant toutes lettres.

MÉRYON (Ch.)

161 — La même Estampe.

Belle épreuve.

162 — Collège Henri IV, vue à vol d'oiseau (83).

Très belle épreuve.

163 — Bain froid Chevrier (84).

Très belle épreuve.

164 — Nouvelle-Zélande.— Presqu'île de Banks.— Gre-
niers indigènes. — Océanie.— Ilots à Uvéa (Wallis).

Trois pièces, belles épreuves.

165 — 1° Titre des Eaux-Fortes sur Paris (31). — Le Petit-
Pont.— La Galerie Notre-Dame.— La Pompe Notre
Dame.

Quatre pièces, très belles épreuves.

MILLAIS (D'après)

166 — La Petite Mère, par A. Turrell.

Très belle épreuve.

167 — Cherry Ripe, par Hester,

Très belle épreuve d'artiste avec remarque.

MILLET (J.-F.)

168 — La Couseuse (Cat. A. Lebrun, 10).

Très belle épreuve.

169 — La Baratteuse (11).

Très belle épreuve.

170 — Le Paysan rentrant du fumier (12).

Très belle épreuve.

171 — Les Glaneuses (13).

Très belle épreuve.

MILLET (J.-F.)

172 — Les Bêcheurs (14).
Très belle épreuve.

173 — La Femme faisant manger son enfant (18).
Très belle épreuve.

174 — La même Estampe.
Belle épreuve.

174 bis — Travaux des Champs.

MONGIN, SALMON

175 — Intérieur, d'après DUPRÉ. — La Sortie, d'après WILLEMS. — Confidence.
Trois pièces. très belles épreuves d'artiste, sur Japon.

MURPHY (J.)

176 — Le fils du Titien et sa nourrice, d'après le TITIEN.
Très belle épreuve.

MUYDEN (EVERT VAN)

177 — Animaux. Suite complète de dix eaux-fortes dans la couverture de publication.
Exemplaire sur Japon avec les épreuves signées par l'artiste.

NIEL (Mlle)

178 — Restes gothiques de l'Hôtel-Dieu de Paris.
Très belle épreuve.

RAJON (P.)

179 — Le Nouveau-Né, d'après VIBERT.
Très belle épreuve d'artiste sur Japon.

REYNOLDS (D'après)

180 — Pénélope Boothry, par T. G. APPLETON.

Très belle épreuve d'artiste.

ROC-BIHAN (DE)

181 — Retour de Chasse.

Très belle épreuve.

ROCHEBRUNE (DE)

182 — Escalier du château de Chambord.

Très belle épreuve d'artiste.

SADOUX

183 — Chantilly. — Vue de l'ancien Château. — Vue des constructions modernes.

Deux pièces, très belles épreuves d'artiste avec remarque, sur Japon. Signées.

SCHAEFFER (AUG.)

184 — Combat de Cerfs. — Troupeau de Sangliers.

Deux pièces, belles épreuves.

SCHENNIS

185 — Paysage par un clair de lune.

Très belle épreuve d'artiste avec remarque, sur Japon.

STORM VAN'S GRAVESANDE

186 — La Hollande. Suite complète de six eaux-fortes dans la couverture de publication.

Très belles épreuves d'artiste sur Japon.

TURNER

187 — Etable dans une abbaye.
Très belle épreuve.

UNGER (W.)

188 — Sujets divers, d'après Rembrandt, Rubens, Ruysdael, etc.
Treize pièces, belles épreuves.

VOGEL (F.)

189 — Marie-Louise de Tassis.
Très belle épreuve d'artiste sur Chine.

GRAVURES ENCADRÉES

—

190. **Lepic.** Griffon d'Ecosse.
Très belle épreuve d'artiste.

191. **Piranési.** Vue de Campo Vaccino.
Très belle épreuve.

192. Le Temple d'Agrippa.
Très belle épreuve.

193. **Rochebrune.** Le Musée de Cluny.
Très belle épreuve d'artiste. Signée.

RECUEILS SUR LES BEAUX-ARTS

—

194. **Allongé**. La Forêt de Fontainebleau. Suite complète de douze planches et un titre. *Paris, G. Meusnier*, 1877.

195. **AMAND DURAND**. Eau-fortes et Gravures des maîtres anciens, tirées des collections les plus célèbres, avec le concours de Ed. Lièvre.

> 239 pièces en trois albums plus 45 pièces en feuilles. Ensembl⸗ 284 pièces.

196. **CHAMBERLAINE** (J.). Dessins originaux des maîtres célèbres. Écoles Bolonaise, Florentine, Romaine, Vénitienne, etc., Léonard de Vinci, Raphaël, Michel-Ange, Le Poussin, reproduits par Bartollozi, Schiavonetti, Tomkins, etc. 72 dessins. *Nicol, Londres*, 1812.

197. **Collection de M. John W. Vilson**, exposée dans la galerie du Cercle Artistique de Bruxelles, avec 68 planches gravées à l'eau-forte. *Paris, Jules Claye*, 1873.

198. **Collection de M. le baron de Beurnonville.** Catalogue illustré d'après les tableaux anciens.

199. **Collection Laurent Richard.** Catalogue illustré d'après des tableaux anciens et modernes.

200. **Collections Suermondt-Lazerges.** Deux Catalogues illustrés.

201. **Galerie Oppenheim.** Catalogue illustré d'après des tableaux modernes.

202. **Cortège historique de Vienne.** Composé d'après les dessins de Mackart. Exempl. n° 375. *Paris, Quantin.*

203. **Durer.** (A.) La Passion. Reproduction de 16 gravures originales de la collection A. Lange. En portefeuille.

204. **Eudel** (Paul). Soixante planches d'orfèvrerie de la collection de Paul Eudel (Exempl. n° 17). *Paris, chez Quantin, 1884.*

205. **Jacquemart** (J.). Recueil de bijoux, objets d'art, etc. Vingt pièces en un album cartonné. *Paris, Gazette des Beaux-Arts.*

206. **L'Illustration nouvelle.** Première année. Album de trente-six eaux-fortes originales de BRACQUEMOND, MARTIAL, TEYSSONIÈRES, etc. *Paris, Cadart et Luce.*

207. **L'Eau-Forte en 1874.** Texte par Ph. BURTY. Trente eaux-fortes par APPIAN, CHAUVEL, DAUBIGNY, DUEZ, JACQUEMART, LALANNE, LHERMITTE, RIBOT, etc. Exempl. sur Japon. *Paris, Cadart.*

208. **L'Eau-Forte en 1875.** Texte par Ph. BURTY. Quarante eaux-fortes par BOILVIN, BRACQUEMOND, CHAUVEL, DETAILLE, LALANNE, LHERMITTE, LEGROS, DE NEUVILLE, NIEL, etc. Exempl. sur Japon. *Paris, Cadart.*

209. **L'Eau-Forte en 1886.** Texte par Eugène MONTROSIER. Trente eaux-fortes par BERNE-BELLECOUR, BRACQUEMOND, CHAUVEL, CHAPLIN, DAUBIGNY, LALANNE,

LANÇON, DE NITTIS, RIBOT, ROPS, etc. Exempl. sur Japon. *Paris, Cadart.*

210. **L'Eau-Forte en 1878.** Texte par Ph. BURTY. Trente eaux-fortes par APPIAN, CHAUVEL, DAUBIGNY, DUEZ, JACQUEMART, LALANNE, LHERMITTE, RIBOT. Exempl. sur Japon. *Paris, Cadart.*

211. **L'Eau-Forte en 1879.** Texte, par EMILE CARDON. Trente Eaux-Fortes, par BASTIEN LEPAGE, J.-L. BROWN, BUHOT, BOILVIN, DESBOUTIN, LEROLLE, etc. Exemplaire sur Japon. *Paris, Cadart.*

212. **L'Eau-Forte en 1880.** Texte, par JULES CLARETIE. Trente Eaux-Fortes, par APPIAN, BIANCHI, CASANOVA, DESBOUTIN, LALANNE, LHERMITTE, ROPS, etc. Exemplaire sur Japon. *Paris, Cadart.*

213. **L'Eau-Forte en 1881.** Texte, par JULES CLARETIE. Trente Eaux-Fortes, par APPIAN, BRETON, BUTIN, CASANOVA, CORTAZZO, LALANNE, LHERMITTE, LELOIR, DESBOUTIN, etc. Exemplaire sur Japon, *Paris, Cadart.*

214. Recueil contenant soixante Eaux-Fortes de APPIAN, BALLIN, MARTIAL, MICHELIN, ROYBET, TEYSSONIÈRES. En épreuves d'artiste sur Japon. Cartonné.

215. **Eaux-Fortes originales.** Recueil contenant cinquante Eaux-Fortes de BIANCHI, CHAUVEL, FEYEN-PERRIN, LALANNE, VEYRASSAT, etc. En épreuves d'artiste sur Japon. Cartonné.

216. **Lalanne.** Études de Fleurs, Paysages, etc.
Vingt-quatre pièces.

217. — Vues de Paris, Rouen, Trouville, etc.
Douze pièces.

218. **Lemaistre de Sacy.** Le Livre de Ruth tirée de la

traduction de la Bible, avec neuf grandes compositions gravées à l'eau-forte, d'après BIDA. *Paris,
Hachette et Cie, 1880. In-fol. cartonné.*

219. — L'Histoire de Tobie tirée de la traduction de la
Bible. Avec quatorze compositions gravées à l'eau-
forte, d'après les dessins de BIDA. *Paris, Hachette
et Cie, 1880. In-fol. cartonné,*

220. **Massaloff** (N.). Les Rembrandt de l'Ermitage de
Saint-Pétersbourg. Quarante planches gravées à l'eau-
forte. *Leipzig, W. Drugulin, 1872.*

221. **Michel-Ange, Raphaël.** La Collection royale des
Dessins de maîtres anciens du château de Windsor.
Trente-quatre photographies réunies dans un car-
tonnage. *Londres, The New Gallery, 1888.*

222. **Montefiore** (E.-L.). Vingt-cinq Dessins de EUGÈNE
FROMENTIN, gravés à l'eau-forte avec texte biogra-
phique de PH. BURTY. Exemplaire sur papier du
Japon en épreuves d'artiste. *Paris, librairie de
l'Art.*

223. — Le même ouvrage. Exemplaire avec les eaux-
fortes sur Chine.

224. — Le même ouvrage. Trois exemplaires avec les
eaux-fortes sur papier de Hollande.

225. **Neuville** (A. de). Croquis militaires. *Paris, Goupil et Cie.*

226. **Rambaud** (Yveling). Force Psychique, l'un des
dix exemplaires sur Japon (n. 8), avec les illustra-
tions de ALBERT BESNARD, gravées sur bois par FLO-
RIAN. *Paris, L. Baschet, 1889.*

227. **Rembrandt.** Reproductions de Dessins originaux,

d'après Rembrandt, éditées par F. Lippmann, avec l'assistance de W. Bode, Sidney Colvin, Seymour. Haden et J.-P. Héseltine. Ouvrage publié à cent cinquante exemplaires. Cent dessins en deux portefeuilles. Exemplaire n° 99. *Londres, Thibodeau. Paris, Danlos et Delisle*, 1888.

228. **Taïée** (A.). Paris et ses environs. Croquis d'après nature. Quarante-neuf pièces en un album cartonné. *Paris, Cadart et Luce.*

229. **Thierry** (Augustin). Récits des Temps mérovingiens avec les dessins de J.-P. Laurens, reproduits par le procédé Goupil. *Paris, Hachette et Cie*, 1881. 1887. Sept fascicules in-fol. en portefeuilles. Exemplaire numéroté sur Japon.

230. **Titien** (Le). Portraits reproduits en photographie, par Séph. Thompson, avec une description de C.-W. Reid. *Londres, Bell and Baldy*, 1871.